PAUL LAMY

SOCIALISME

Prix : 50 Centimes

CAVAILLON

MISTRAL, Imprimeur-Éditeur

6, Place du Commerce, 6

1901

SOCIALISME

PAUL LAMY

SOCIALISME

CAVAILLON

MISTRAL, Imprimeur-Éditeur

6, Place du Commerce, 6

—

· 1901 ·

SOCIALISME

Toute doctrine nouvelle a nécessairement contre elle les forces de réaction coalisées.

L'inconnu effraye. Inconsciemment et par atavisme les foules, a priori, paraissent devoir rester attachées aux institutions antiques et vieillotes sous l'égide desquelles les ancêtres ont vécu.

Tout réformateur, quel qu'il soit, est généralement traité d'utopiste. L'histoire apprend peu de choses. Il suffirait cependant de la feuilleter et nous verrions que l'utopie de la veille devient bien souvent la réalité demain.

Les systèmes politiques sont détruits, les empires croulent, les nations disparaissent, les bouleversements révolutionnaires changent la face des choses, la science ouvre de toujours plus vastes horizons, et la veille des cataclysmes heureux ou malheureux, bienfaisants ou nocifs, la foule disait : Utopie ! Ce qui est prédit ne peut s'accomplir.

Malgré l'affirmation conservatrice, un nouvel état de choses s'établit. La réalité d'aujourd'hui n'est plus conforme à celle d'hier. Le cycle des événements se déroule. Les conservateurs ou les réacteurs sont impuissants. Malgré eux et contre eux, l'humanité va vers ses destinées, naturellement, comme l'eau d'un fleuve coule et s'éloigne de sa source. Les digues ne l'empêchent point. Le flot gronde parfois et détruit les obstacles tendant à restreindre son cours majestueux. Ensuite les eaux calmées s'étendent à nouveau dans la plaine fécondée.

L'évolution est fatale et bienheureuse car nous sommes persuadés que l'humanité va toujours vers de meilleures destinées.

Les peuples ont douloureusement lutté et gémi sous l'oppression séculaire de leurs maîtres. Les oligarchies gouvernantes, quel que soit le vocable sous lequel a été abritée leur tyrannie, ont dépouillé et opprimé les serfs de la terre ou de l'usine. Ces serfs révoltés bien souvent, n'aspirent plus aujourd'hui à nommer de nouveaux maîtres, mais veulent, quoique cette volonté soit encore bien nuageuse, devenir libres. La liberté unique réside dans l'émancipation économique. Tout le reste est fantasmagories, irréalités.

Un peuple n'ayant pas le droit de manger n'est pas un peuple libre. Quiconque est à la merci d'un chef pouvant donner ou retirer le droit au travail, partant à la vie, est esclave. Donnez-lui ce nom, appelez-le serf, décorez-le du titre de citoyen, qu'importe, il n'est pas libre. Il est la chose d'un individu, une machine. Cela est révoltant.

Nous disons, nous, que cet état de choses doit cesser, que, certainement, le processus de la civilisation le détruira et le rendra plus en rapport avec la dignité humaine.

La société dans laquelle nous nous débattons est-elle uniformément belle ? Mérite-t-elle d'être conservée avec tant de soins ? Au contraire, notre énergie ne doit-elle pas être employée à la remettre au creuset, la fondre et établir à sa place l'harmonie que nous ne voyons nulle part ? L'accord pour la vie n'est-il préférable à la lutte ardente ?

Pourquoi ne le réaliserions-nous ? La lutte fratricide n'a-t-elle pas assez duré ?

L'histoire du monde est ensanglantée : guerres terribles depuis les temps reculés jusqu'au seuil du XXe siècle. Haines stupides fomentées parmi les peuples. Déchirements ininterrompus.

Ne sommes-nous pas bien fondé en affirmant que ceci doit cesser. Tout notre être ne clame-t-il pas qu'il serait bienfaisant de s'entendre et s'unir.

Il faut clore à jamais l'ère des tyrannies. La tyrannie économique est celle d'autrefois, le décor seul a changé.

La sécurité n'existe nulle part. La souffrance est partout. Un malaise général étreint toutes les classes de la société. Inquiète, l'humanité lasse de souffrir, cherche impatiemment et fiévreusement un remède à ses maux. Elle s'est jetée autrefois dans les bras de fondateurs de religions, de dynasties, de systèmes hybrides. Elle épie dans chaque doctrine ce qui peut être utile à son bonheur. Mais les principes directeurs étant les mêmes, tout a été décevant. Sous des formes diverses, la voie suivie étant identique, les résultats ne devaient pas changer.

Nos pères s'étaient trompés, changeons de route.

Pourquoi suivre avec acharnement le chemin dans lequel le bonheur et la fraternité ne sont pas? Laissons ces chefs d'école, ils ne peuvent nous guider — les preuves de l'incapacité autoritaire ont été faites — et nous donner l'idéal cherché. Abandonnons les principes menteurs suivis pendant des siècles. Tous les régimes, toutes les théoraties nous ont déçus. Tour à tour acclamées et rejetées, pacifiquement ou violemment, ces institutions ont prouvé leur nocivité.

L'exploitation économique, l'écrasement du faible par le fort, du pauvre par le riche, sévissaient chez les peuples antiques. L'olympe éclatant n'empêchait nullement la barbarie ancestrale. Les dieux et les déesses des peuples divers laissaient fleurir chez les humains les bourgeons néfastes de misère et de tyrannie.

Les changements successifs ont laissé parmi nous les mêmes vices. Les systèmes politiques ou les systèmes religieux ont été impuissants à les déraciner. Le cycle douloureux, ne s'est pas fermé. Est-il éternel ? nous ne le pensons pas. Nous ne pensons pas que, toujours, la misère s'étale, hideuse, que, toujours, la lutte continue, acharnée.

Y a-t-il nécessité à ce que des gens commandent autocratiquement et à ce que d'autres obéissent passivement ; à ce que des gens meurent de faim tandis que d'autres meurent d'indigestion ? Nous ne le croyons pas.

Le monde ne serait-il donc plus le monde si chacun mangeait à sa faim et vivait à sa guise ; si la liberté de l'individu allait jusqu'où commence la liberté d'autrui ?

Dans la société actuelle chaque individu a un fardeau très lourd d'insécurité et de souffrance. Depuis le riche des sommets au pauvre des bas-fonds chaque être ressent les désastreux effets du malaise social.

Chez le riche le souci continuel d'accroître ou conserver une fortune, la peur des lendemains incertains, l'effroi de l'avenir réformateur.

Chez le pauvre, l'angoissante détresse,

l'atrophie intellectuelle, la recherche continuelle du pain quotidien, les âpres terreurs de la misère toujours possible, lorsqu'elle n'est pas installée en permanence au foyer en souveraine maîtresse. Insécurité et détresse partout.

Le sort des ouvriers de la ville et des champs est particulièrement lamentable. Celui du petit propriétaire terrien, du petit marchand, de l'intermédiaire ne vaut pas mieux.

A la merci d'un patron ou d'un coup de bourse, des hasards climatériques ou d'un krack financier! Hideuses fatalités du régime économique que nous voulons détruire et qu'un certain nombre d'individus, de moins en moins nombreux, il est vrai, par aveuglement, atavisme ou par non perception de leurs intérêts, veulent conserver.

Mais l'évolution suit son cours et les progrès du socialisme sont indéniables. Le système économique actuel porte en lui les germes même de sa mort. Son épanouissement est à peu près complet et l'implacable loi définie par Darwin fait son œuvre.

L'idée nouvelle monte sans cesse. Elle ne peut d'ailleurs ne pas monter. Son éclosion est naturelle. La guerre économique et son effet, la concentration, le veulent ainsi. Ces divers mécanismes l'exigent.

Oui, l'utopie d'aujourd'hui sera la réalité demain. Les systèmes de production et de répartition seront assis sur des bases plus rationnelles.

Les producteurs manuels, puissamment aidés par les machines, créent et créeront chaque jour de multiples richesses. Nous jouirons à satiété de ces biens comme nous nous désaltérons à satiété à l'eau limpide des sources cristallines.

Nous avons trouvé le mot magique ou plutôt il vient vers nous, que nous l'appelions de tous nos vœux ou que nous le fuyions avec une puérile terreur. Les processus antagoniques l'exigent. La poussée nous conduisant vers l'inévitable but est prodigieuse. Le siècle écoulé, scientifique par excellence, a puissamment aidé à la marche en avant.

La science en effet a bouleversé les systèmes de production. La production industrielle et individuelle avant l'apparition des machines est devenue collective. Il faut que l'appropriation, de strictement individuelle devienne collective comme elle.

La vie économique des peuples est intimement liée à leur politique. Les bouleversements, changements de régimes, guerres, expansions coloniales, ont presque toujours à la base une cause économique. La grandeur des nations dépend de l'intensité de leur production. Les rois, empereurs, républiques, n'ajoutent et n'enlèvent rien à cette grandeur. Seules, la quantité et la valeur des producteurs assignent une place aux collectivités. Les personnalités dirigeantes disparaissent. Les somptueuses cours d'Espagne ou d'Italie, les somnolents potentats d'Orient ne donnent aucun lustre aux peuples malheureux qu'ils dirigent, tandis que la grande République américaine, l'Empire allemand, l'Angleterre se placent, grâce à la valeur de leurs ouvriers manuels et intellectuels, à la tête des pays producteurs. Le sol de ces contrées, auxquelles nous pouvons à la suite inscrire la France, est couvert de grandes usines et d'interminables voies ferrées. Le monde entier s'éveille sous la poussée industrielle. Cette éclosion, dans le sein de la société capitaliste, sème néanmoins des ruines.

La petite industrie d'autrefois, principalement celle fabricant des objets de première nécessité, se raréfie journellement, détruite par la grande industrie. Les petits capitaux ne suffisent plus. Les colossales accumulations d'argent s'accentuent. Les sociétés par actions apparaissent. Les grands magasins refoulent vers le prolétariat les petits boutiquiers. Ces bazars fantastiques occasionnent la ruine d'une foule de marchands. Les coopératives de consommation font disparaître les épiciers et un grand nombre d'autres négociants.

L'intermédiaire est donc rejeté en grande partie dans la classe prolétarienne. Bien peu d'industriels, de fabricants ou de vendeurs commercent avec leurs propres fonds. Ceux qui vivent sans le secours du crédit sont une infime minorité et bien souvent ce qu'ils appellent leurs prétendues richesses n'est qu'une bien misérable provende.

L'antagonisme s'intensifie. Les demi-riches sont de jour en jour moins nombreux et, d'une façon générale, deux classes seules se trouvent et se trouveront davantage en présence.

D'un côté, les puissants, l'oligarchie financière, caste composée de rares privilégiés; de l'autre, la classe la plus nombreuse: celle qui produit et qui cependant est composée de pauvres. Ces derniers, moins que tous autres, ne sont jamais certains du lendemain. Leurs transes sont continuelles. Le chômage, par suite d'une production intensive sans débouchés correspondants, peut frapper à leur porte, et ceci est la condamnation sans appel de la société capitaliste.

Subir le chômage par suite de ce qu'il est convenu d'appeler la surproduction ! Comment ! voilà une quantité considérable de citoyens qui se privent même du nécessaire, qui, broyés par la misère, malgré de nombreuses heures employées à travailler, n'ont pas de pain, pas de feu au foyer pour réchauffer leurs membres endoloris, par des vêtements — peut-on appeler vêtement une loque? — pas d'habitation — le taudis, la mansarde, sont-ils des habitations ? — pas de bienêtre et cependant la société capitaliste engendre des crises de surproduction ! Il y a trop dé tout dans les entrepôts pendant que, tout près, des familles entières s'anémient !

Le salarié, le petit producteur des villes et des campagnes, le paysan infime propriétaire, l'intermédjaire besogneux ne peuvent avec leur maigre pécule consommer le trop plein occasionné par les forces productrices.

Alors le capital fait grandir de toujours plus fortes institutions, les armées permanentes, par exemple, aux innombrables bataillons qui grèvent terriblement les budgets, et ces engins puissants servent à l'extension des débouchés capitalistes. On jette dans les pays neufs, à demi barbares, les cohues disciplinées et ce sont de nouveaux marchés conquis pour la diffusion de l'exploitation économique.

Le système bourgeois trouve là, momentanément, une porte par où s'écoulera la surproduction jusqu'au jour où ces pays conquis deviendront à leur tour producteur. Alors la crise sera intensifiée.

L'histoire de la colonisation, en effet, n'est en somme, que l'histoire des rapports de la production et de la consommation.

Les libres échangistes les plus convaincus et parmi ceux-ci les partisans du laisser-faire, laisser-passer de la riche Angleterre, s'effrayent des débouchés trouvés chez eux, à leurs dépens, par les nations rivales. Ils ferment leurs frontières.

Tels les Etats-Unis avec le bill prohibitif Mac-Kinley et le bill Dingley, telle la nation citée plus haut, l'Angleterre qui a une tendance, quoique moins accentuée, à devenir protectionniste.

En fermant leurs frontières, les nations se ferment elles-mêmes par réciprocité les frontières étrangères.

Les produits fabriqués ne pouvant être consommés par les autochtones trop peu nombreux d'une part et trop pauvres de l'autre, la politique d'expansion coloniale fait son apparition.

Des négociants s'établissent à l'extérieur, des relations diplomatiques se nouent, des traités de commerce sont conclus avec les roitelets asiatiques, africains, des dissentiments, comme dans la plupart des contrats ne tardent pas à se produire, principalement lorsqu'une nation puissante est en présence de peuplades ou nations plus faibles et l'inévitable guerre de spoliation surgit.

L'expansion coloniale fait partie du processus de la civilisation capitaliste. C'est le cycle économique qui se déroule. Tout le reste est décors. Décors les tirades patriotiques, prétextes les insultes au drapeau, la moralisation des « races inférieures ». Toutes les guerres, à toutes les époques, et principalement l'époque moderne à peu d'exceptions près, ont pour pivot, après analyse faite, la guerre économique.

Les bases sur lesquelles sont assises la production et la consommation sont mauvaises, la vie douloureuse et les bouleversements sanglants en sont les effets. Le remède est uniquement dans une équitable répartition des énergies productrices et des pouvoirs de consommation.

L'extension coloniale est destinée à se retourner contre la société capitaliste. En exportant les produits, en créant chez les peuples jeunes de nouveaux besoins en construisant chez eux de grandes usines, pour profiter de la main-d'œuvre meilleur marché, en jetant dans les plaines et à travers

les monts d'incommensurables lignes ferrées,
les capitalistes éveillent et excitent l'intelligence de ces peuples qui marchent alors à
grands pas dans la voie de la civilisation.

Ces peuples, acheteurs aujourd'hui et four-
nisseurs de main-d'œuvre à vil prix, deviendront — exemple frappant : le Japon — les
maîtres du marché demain. Ils n'achèteront
plus, ils vendront. Alors la société capitaliste
tremblera sur ses bases. Sa succession sera
définitivement ouverte.

Rien ne peut empêcher cette évolution
quels que soient les efforts faits par les conservateurs ; et par conservateurs nous n'en-
tendons pas seulement ceux qui se réclament
des formes politiques passées, nous nous
plaçons dans le sens étymologique du mot
et nous comprenons dans cette appellation
tous ceux, à quelque parti qu'ils appartien-
nent, qui prétendent à la durée éternelle du
régime économique actuel. L'écroulement
du capitalisme est automatique.

La science, découvrant toujours des machines perfectionnées, moyens de production

mis au service de l'oligarchie financière, conduit à la centralisation. Le meilleur outillage détruit l'outillage concurrent. Celui qui fabrique beaucoup, le plus rapidement, à meilleur marché, est le maître. Il s'implante sur les ruines qu'il effectue. Il déposssède quiconque est plus faible. C'est l'évidence même. S'il fabrique énormément, s'il s'agrandit, s'il intensifie sa production c'est aux dépens du moins bien outillé. S'il fabrique plus rapidement, à meilleur marché, il accroît le nombre de consommateurs formant sa clientèle. Il y a concentration, fatalement. Richesse pléthorique chez un petit nombre, gêne et misère chez une grande quantité d'individus.

Les campagnes se dépeuplent et jettent dans l'usine de nouveaux prolétaires. Ceci est encore fatal. L'habitant des campagnes ne peut plus vivre sur sa parcelle. La grande exploitation agricole d'Australie, d'Amérique, de Russie, a tué cette industrie séculaire. Là, les céréales sont récoltées sur de vastes espaces, où la terre est retournée par les charrues à vapeur avec un extraordinaire minimum de frais et les multiples moyens de transport déversent sur les marchés mondiaux d'immenses stocks de denrées alimentaires.

Le chaos dans lequel nous nous trouvons, chaos que des « gens graves » veulent conserver, engendre la ruine et un malaise général. La lutte est partout entre le pauvre et le riche, le possédant et le non possédant, le gouvernant et le gouverné, le fort et le faible. L'ouvrier lutte contre le patron, le patron contre l'ouvrier. Le vendeur ruse envers l'acheteur pour faire valoir et augmenter si possible le prix de sa marchandise, l'acheteur a l'intérêt contraire et déprécie si possible l'objet convoité pour payer au détenteur un plus faible prix.

La misère, le vol, la mauvaise foi, la duplicité s'étalent, fleurs hideuses créées et entretenues par le capitalisme.

Ce qu'il y a de curieux dans l'évolution bourgeoise, c'est que les possesseurs sont obligés, comme pressés par une force mystérieuse, d'agir comme ils le font. Ils ne peuvent faire autrement.

Nous n'avons aucune haine contre les personnalités. C'est l'institution seule que nous visons. L'engrenage capitaliste ne permet pas au patron, à l'employeur, de payer la main-d'œuvre plus que ne le font ses concurrents.

Dans une industrie donnée, lorsque le taux moyen des salaires est, supposons-le, de trois francs par jour, le patron ne peut en donner six, dix ou vingt; il se ruinerait, serait rejeté dans les rangs du prolétariat. Il est naturel qu'il craigne ce dénouement.

En laissant de côté toute idée de sentimentalité, de justice, en scrutant simplement le système économique tel que nous l'ont transmis les générations, l'on peut affirmer que bien souvent le pauvre n'est pas plus responsable de sa pauvreté que le riche — exception faite pour certains forbans — ne l'est de sa richesse.

Dans beaucoup de cas, la participation aux bénéfices, qui n'est qu'une forme patronale, puisque la masse des prolétaires n'en profiterait point, est bien souvent illusoire. Les bénéfices des travailleurs sans capitaux ne peuvent avoir que la valeur des salaires.

Si les travailleurs font appel au capitaliste, banquier, bailleur de fonds quelconque, c'est toujours pour ce dernier qu'ils travaillent. Les prêteurs ne le sont qu'à bon escient, ils ne se desaisissent de leurs capitaux que lorsqu'ils sont certains d'en être rémunérés et l'état général industriel ne permet plus de faire suer de gros intérêts. L'exploitation qui permettrait les forts dividendes verrait immédiatement affluer vers elle une énorme quantité de capitaux concurrents qui abaisseraient les intérêts au taux moyen.

C'est cet antagonisme que nous voulons détruire le plus rapidement possible.

Marx a dit dans un de ses ouvrages que nul ne peut avancer ou retarder d'une minute la décomposition et la ruine du système économique actuel.

Nous croyons, certes, que nul ne peut l'empêcher, mais nous sommes intimement persuadés que nous pouvons l'avancer. Les progrès de l'ordre, l'harmonie, que nous appelons d'une façon générique le socialisme, devant remplacer le chaotique désordre d'aujourd'hui, peuvent être plus ou moins rapides. Cela dépend du plus ou moins d'énergie employée pour atteindre le but désiré, des obstacles rencontrés sur la route.

Il est constant que le nombre de citoyens persuadés de la nocivité et de l'incohérence capitalistes s'accroît notablement. La poussée emportant les esprits et les cœurs s'affirme plus impérieuse chaque jour.

L'instruction se répand et pénètre les bas-fonds des classes miséreuses. Les conscients deviennent légions. Les intelligences s'ouvrent à la compréhension des choses. Même, dans ce qu'il est convenu d'appeler les hautes sphères, quelques bourgeois, planant au-dessus du niveau moyen de leur caste, reconnaissent le bien-fondé des réclamations populaires et à leur tour grossissent nos rangs. Dans toutes les classes, consciemment ou inconsciemment, des individus travaillent à l'émancipation, non de quelques-uns, mais de tous.

Il est utile, urgent de conquérir pour l'humanité la liberté, partant la dignité, à laquelle elle a droit. La liberté et la dignité ne seront qu'un mot tant que le faible sera à la merci du fort, tant que le riche pourra opprimer le pauvre, tant que le droit à la vie, au pain quotidien, sera remplacé par la charité dégradante, tant que des enfants — quels crimes ont-ils commis ? — mourront de misère et de faim, tant que la femme se vendra pour vivre.

Et ceux qui pensent ainsi, quels que soient leur fortune et leur rang, pensent noblement. Le régressif ou le conservateur — qu'importe sa position sociale — n'est qu'un obtus bourgeois. Etre bourgeois, ce n'est pas être riche, c'est penser bassement.

De tout temps, de grands et sublimes philosophes ont émergé des foules. Ils ont poussé de libératrices clameurs. Autour d'eux les légendes se sont créées, et les chefs, les dirigeants, les maîtres ont canalisé cette poussée, l'ont rejetée dans l'au-delà, ont rabaissé les grands penseurs au rang de fondateurs de religions. Aidés par l'ignorance ancestrale, ils élevèrent sur le pavois, dans de mystiques cieux, les révolutionnaires audacieux qui clamaient : « Malheur aux riches ! » qui jetaient les imposteurs hors des temples, qui annonçaient aux pauvres « la bonne nouvelle », qui, libertaires déjà dans leur prodigieux génie, affirmaient le droit imprescriptible à la vie, l'égalité la plus absolue, puisque les premiers seraient les derniers, partant ni premiers ni derniers, tout se fondant dans une fraternelle étreinte.

Malgré cet exil dans l'au-delà, la poussée libératrice continua.

La sève de régénération monte quand même. Qu'importe le bûcher, l'échafaud, l'universelle souffrance ; l'Idée va, suit sa voie douloureuse, guidée par le phare éclatant qui pointe à l'horizon.

Quel est donc ce phare éclatant ?

Qu'est-ce que le socialisme ?

Ce n'est pas une doctrine s'appuyant sur des idées abstraites. Existant dans le cœur des masses à l'état d'aspirations vagues vers le mieux-être, il est, d'autre part, scrupuleusement étudié par de vigoureux théoriciens et assis sur des bases strictement scientifiques.

L'évolution économique nous y conduit infailliblement. Les conditions matérielles de la vie s'aggravent, la conquête du pain quotidien devient plus âpre, plus entourée d'aléas. L'humanité veut trouver plus de sécurité et de facilité dans la satisfaction de ses besoins. Elle comprend que l'appropriation privée est bien souvent — presque toujours — injuste. Il faut donc que l'appropriation devienne tout au moins collective. Elle supprimerait par cela même la concurrence effrénée occasionnant les mortelles crises dans la production. Celle-ci, qui devrait être conçue de façon à assurer le bien-être commun, procure simplement, par son organisation, le bien-être relatif ou pléthorique de quelques-uns. C'est son irrémédiable condamnation. Le capital étant privé, il ne peut logiquement s'appliquer qu'aux intérêts privés ; pour qu'il s'applique aux intérêts collectifs, il faut qu'il fasse retour à la collectivité.

Nous sommes persuadés que cette appropriation collective n'aura pas immédiatement le caractère de fraternel communisme vers lequel l'évolution continue nous achemine.

Nous avons et nous aurons encore pendant longtemps l'atavisme batailleur et autoritaire. Avant de pénétrer dans la terre promise, où l'Anarchie radieuse engendrera chez les humains une ère de paix, de concorde bienheureuse et infinie, nous passerons par une phase intermédiaire. Phase sublime, cependant, qui nous permettra d'entrevoir les beautés futures.

Cette période de transition, le collectivisme étatiste, autoritaire, est sans aucun doute marquée par le destin et arrivera à son heure.

Certes, nous n'avons pas la prétention de définir mathématiquement ce que sera le collectivisme. Jamais aucun système économique n'a été complètement défini avant sa mise à exécution. Nous disons à ceux qui, puérilement exigeants, demandent la précision absolue et le dessin de ce que sera la société future : « Précisez vous-même — et nous les mettons au défi de le faire — quel sera le résultat d'une prochaine loi, quels seront les décrets rendus l'année suivante, de quoi s'occuperont et quelles seront les décisions des prochains législateurs ? »

Tout ce que nous prétendons faire, c'est de

jeter les bases, de connaître les grandes lignes autour desquelles gravitera la société socialiste de l'avenir.

Comment transformerons-nous la société actuelle, néfaste, en société meilleure ?

Nous ne croyons pas aux fées bienfaisantes qui, d'un coup de baguette magique, apportent l'objet désiré ?

Ah ! certes s'il était possible dès maintenant d'entrer en plein communisme, si ce miracle enchanteur se produisait, si tous pouvions de suite être heureux, sans mélange, j'applaudirais de toutes mes forces et j'acclamerais ce grandiose événement. Mais le miracle n'est pas dans la nature des choses. L'état social se développe suivant les lois de l'évolution, et son développement est d'une lenteur que nous pouvons tout au plus abréger. Aidons-nous pour cela. Donnons une main fraternelle à quiconque aide à l'évolution, quelle que soit la route suivie, car aucune route révolutionnaire ne nous ramène en arrière.

Nous devons saper les autorités régressives et séculaires ; elles sont toutes conservatrices et oppressives. Il faut montrer au prolétariat tout entier, quel que soit le sexe et la race, sa condition misérable. Faire naître, exister développer ses aspirations vers le bien-être ; montrer l'illégitimité, l'inégalité choquante et exécrable de l'enfant millionnaire et de l'enfant miséreux. Appuyer, approuver toujours et quand même les actes de révoltes économiques. Dévoiler les exploitations scandaleuses. Créer des coopératives, des syndicats professionnels, des syndicats agricoles. Montrer les bienfaits de l'union, de l'entente commune. Applaudir à toute organisation détruisant l'intermédiaire onéreux. C'est certainement et malheureusement douloureux bien souvent, mais il le faut pour la régénération future. Puisque le peuple, non encore débarrassé du préjugé autoritaire, attache une si grande importance aux institutions politiques, s'emparer de ces institutions et détruire autant qu'on peut le faire en se servant de cet outil la forteresse capitaliste. Montrer les défauts, l'incohérence, les anomalies, les crimes du système bourgeois. Les saper sans trêve ni merci. Etaler les ruines amoncelées, les misères imméritées, l'universelle lutte et l'universelle douleur. Dévoiler les corruptions, analyser les formations abusives et fatales des oligarchies capitalistes. Démontrer que, quelles que soient la bonne volonté, l'honnêteté d'un capitaliste, son enrichissement à son insu même, qu'il le sache ou non, qu'il le veuille ou non, ne provient et ne peut provenir que de la spoliation de celui qui travaille.

Les peuples pénétrés de vérité comprendront mieux leur misère, les changements s'effectuent consciemment.

L'éducation révolutionnaire accomplissant son œuvre, les institutions nouvelles auront des tendauces à faire disparattre les distances trop grandes séparant les producteurs des non producteurs, les capitalistes des travailleurs. Insensiblement, s'organiseront et le travail et l'appropriation collectifs. Les retraites ouvrières, augmentées progressivement, feront disparattre en grande partie la misère et la plus noire détresse. Les institutions seront bouleversées au profit des travailleurs.

Pour parer aux frais afférents, l'Etat transformera en services publics les grands monopoles actuels. Les voies ferrées, les mines, les raffineries de sucre et de pétrole, etc,, seront administratives. Les conversions de rentes, phénomène qui s'observe dans le monde entier, se multiplieront. L'exécrable fécondité de l'argent, comme dit Bossuet, n'existant plus, étant progressivement détruite, c'est la mort du capital à brève échéance.

Ces transformations seront internationales, comme le sont les phénomènes capitalistes eux-mêmes. L'évolution est la même partout. Elle s'accentue avec une rapidité plus prodigieuse chez les peuples jeunes, ceux n'ayant pas subi comme nous l'exploitation séculaire. L'atavisme, chez eux, ne joue aucun rôle. Et de transformations en transformations, nous entrerons par une pente naturelle dans la société collectiviste.

Que l'on n'objecte pas que les réformes seront une spoliation. Le socialisme ne peut être spoliateur ; seul le capitalisme l'est. Le socialisme est profondément respectueux de la propriété. Il veut que chaque individu, après un léger prélèvement fait pour les services publics, jouisse du produit intégral de son travail. Il détruit la possibilité d'exploitation de l'homme par l'homme. Il conserve intégralement la véritable propriété : le produit du labeur.

Les économistes bourgeois prétendent que pour exciter au travail l'appât de la fortune et la peur de la misère sont nécessaires. Ils ignorent totalement ce qu'est le socialisme ainsi que l'influence moralisatrice que ce milieu exercera sur la mentalité.

La production doit être fatalement, mathématiquement supérieure. Tout est là. Si la production socialiste doit être inférieure à la production capitaliste, le socialisme ne sera pas. Si sa production est supérieure, il entrera dans l'histoire. Et tout démontre que la production collective est supérieure à la production individuelle. Donc, obligatoirement, quels que soient les obstacles, le socialisme deviendra une des phases de la vie sociale.

Puisque tout dépend du milieu économique, le point essentiel est d'améliorer ce milieu et le rendre conforme à nos théories.

Les moyens de production sont actuellement d'une appropriation individuelle, ils feront retour à la collectivité, en première ligne, les transports (chemins de fer, etc.), les mines, raffineries, grandes banques, coopératives de production et de consommation. Toutes les branches de l'industrie ayant dans leur mécanisme un commencement d'organisation sociale s'ajouteront peu à peu aux branches principales. Les particuliers seront libres de mettre en valeur eux-mêmes les moyens de production qu'ils possèdent, jusqu'au jour où, reconnaissant la valeur bien supérieure de la production collective, il leur plaira alors, conformément d'ailleurs à leurs intérêts, d'entrer eux aussi comme sociétaires dans la vaste organisation nouvelle.

Les moyens de production étant la propriété de tous, tous y auront droit. Le travailleur aura la faculté beaucoup plus grande qu'aujourd'hui de choisir et de varier ses travaux en se conformant, bien entendu, aux lois de l'offre et de la demande établies par les statistiques et le taux de l'heure de travail représenté par des bons variera selon le plus ou moins de demandes.

Si un petit nombre de citoyens se présentent pour effectuer les travaux pénibles ou rebutants, la valeur de l'heure de travail employée suivra une échelle ascendante.

Nos détracteurs, avec une inconscience profonde, affirment, par exemple, qu'aucun individu ne voudra effectuer des travaux de vidange. Haussons les épaules! Il est presque inutile de répondre. Leur raisonnement enfantin est celui-ci : Les vidangeurs gagnent actuellement 3, 4 ou 5 francs par jour, ils ne travaillent que parce qu'on leur donne simplement cette faible somme. Augmentez-les. Au lieu de 3 à 5 francs, donnez-leur 6, 10 ou 20 francs, ils ne voudront plus travailler!! C'est puéril, passons. D'autant plus que tous les travaux, quels qu'ils soient, seront accomplis avec le secours de tous les perfectionnements scientifiques.

Si, contre toute attente, le recrutement dans certaines professions indispensables était d'une difficulté sérieuse, tous les citoyens sans exception, entre par exemple 25 et 30 ans, à tour de rôle ou par voie de tirage au sort, seraient tenus de les exécuter, la moyenne des heures de travail ne dépassant pas un nombre fixe, deux, par exemple, par jour, à moins de nécessité absolue.

Quelles objections peuvent formuler nos adversaires ? N'avons-nous pas aujourd'hui le service militaire obligatoire pour tous, le tirage au sort ? Certaines corvées militaires ne sont-elles pas particulièrement pénibles et répugnantes ? Ces travaux ne sont-ils pas effectués pendant de longues heures, de longues années, et cela sous une discipline de fer ?

Les travaux intellectuels et de direction seront mis au concours. Les seules batailles seront celles de l'émulation féconde. S'il y a inégalité dans l'intelligence, le moins intelligent ne tuera pas celui dont le cerveau est mieux conditionné. Et si le moins intelligent se livrait à ce genre d'exercice, la collectivité l'en empêcherait. Un système de jury, gratuit comme celui d'aujourd'hui, fonctionnerait mais ne comporterait pas l'épouvantable système répressif de la société bourgeoise.

Les causes engendrant les délits et les crimes, disparaîtraient presque en totalité. Creusez le crime, à la base, vous trouverez la misère, misère physique faute de pain, misère intellectuelle et morale faute d'éducation et de véritable savoir.

Dans les conditions de vie économique où l'incroyable énergie productrice ne sera pas gaspillée comme elle l'est actuellement, le nombre d'heures de travail dues par chaque citoyen sera insignifiant. Quelques heures suffiront. Toutes les prévisions à ce sujet le démontrent.

Maintenant peu d'individus produisent utilement. Les forces motrices elles-mêmes sont éparpillées sur la surface des territoires, sans cohésion. Dans une même ville ou une même région, des usines nombreuses s'élèvent là où une seule produirait infiniment davantage, avec une économie considérable de frais généraux. Un personnel conséquent est attaché à leur fonctionnement. Il pourrait être énormément réduit, par conséquent la collectivité demanderait à chacun un nombre réduit d'heures de travail.

Prenons comme exemple la boulangerie dans une ville composée de vingt mille habitants. Supposons qu'il y ait six boulangeries par mille habitants, la ville en aura donc cent vingt. Ces établissements emploient environ deux cents garçons; ajoutez les patrons, vous arriverez au total de trois cent vingt personnes pour ce service d'alimentation publique. Eh bien, dans l'usine collective la force motrice, détachée de son point central et amenée dans la section, fera mouvoir les organes uniques servant à la fabrication mécanique du pain pour tous. Les mêmes chauffeurs mécaniciens surveilleraient et feraient fonctionner le moteur central, distribuant la force à d'autres services, comme cela se pratique à bord des grands paquebots et quelques ouvriers boulangers, au nombre de quatre à cinq, veilleraient, comme cela se fait déjà à bord des dits paquebots et dans les grandes boulangeries à vapeur, à la fabrication automatique.

Le nombre des boulangers à bord des grands paquebots n'est pas supérieur à quatre ou cinq et les passagers sont quelquefois de cinq cents à deux mille. Supposez la section de boulangerie travaillant dix heures par jour, pour suffire à l'alimentation de vingt mille âmes et les ouvriers se succédant de deux heures en deux heures. A la fin de la journée, vingt à vingt-cinq personnes auront produit le pain nécessaire à la consommation urbaine; retranchez-les des trois cent vingt personnes employées actuellement au service de panification, la main-d'œuvre économisée égale celle correspondant à cette différence, représentée par environ trois cents individus que l'on peut répartir dans les autres services productifs.

Toutes les professions pourraient être prises comme exemple : épiciers, marchands, tenanciers de magasins, intermédiaires, etc. et, dans toutes, la main-d'œuvre économisée serait immense.

Il ressort de certaines statistiques que les producteurs réels travaillant dans de très mauvaises conditions de production, l'exemple des boulangeries le prouve, ouvriers des champs ou des villes s'élèvent en France à sept millions. Ces individus réunis, y compris leurs familles, atteignent les trois quarts de la population, soit quinze mille dans une ville de vingt mille âmes.

Laissons de côté les enfants, les femmes, les vieillards et nous verrons la quantité de citoyens pouvant être employés dans les magasins généraux de la collectivité et n'y travailler que quelques heures.

Dans une ville de vingt mille habitants, quatre grands centres d'approvisionnements seraient suffisants. Supposez que trente employés demeurent en permanence dans ces magasins, les quatre grands centres exigent donc cent vingt personnes ; remplacez-les cinq fois dans le courant de la journée afin que chaque groupe donne deux heures à la collectivité et six cents citoyens auront, sans fatigue, fait le même travail que des milliers et des milliers accomplissent péniblement aujourd'hui, en attendant bien souvent une clientèle hypothétique. L'économie de main-d'œuvre serait extraordinaire.

Dans toutes les branches de l'industrie la même proportion s'établirait. Ce que l'on appelle chômage serait un mot vide de sens. Des réserves formant le capital social seraient mises à part. En cas de surproduction, les heures de travail seraient abaissées et si la production devenait insuffisante, les heures que chaque citoyen devrait à la col-collectivité seraient augmentées.

Une objection, la plus forte à leurs yeux, que les bourgeois opposent au nouvel état de choses, est le droit qu'ils ont acquis à vivre conformément au système économique ac-actuel. Sans nous arrêter à cette objection assez bizarre dans la bouche de ceux qui ont exproprié (qui jouissent encore tout au moins de l'expropriation), la noblesse et le clergé, en 1789, dont les biens avaient la même origine frauduleuse et spoliatrice, nous répondrons que les révolutionnaires sont bons princes ; ils ne hurlent pas à la mort contre quiconque ne pense pas comme eux ou n'est pas de la même race.

Divers systèmes de rachat sont proposés. Trop nombreux pour être amplement développés ici, nous pouvons néanmoins, les diviser en deux groupes :

1° L'expropriation sans indemnité ;

2° L'expropriation avec indemnité,

Nous laissons de côté la petite propriété parcellaire paysanne et la propriété de moyens de travailler lorsque ceux-ci sont mis en action par les propriétaires eux-mêmes. Ceux-là auront la faculté, tant qu'il leur plaira de les faire valoir personnellement ou en s'entr'aidant entre parcellaires.

Comme expropriation sans indemnité, il y aurait, au sujet de la rente, qu'à marcher dans la voie que trace le système bourgeois lui-même. Sa conversion des rentes est excellente. Le taux de l'intérêt, facultatif d'abord, puis fixé à 6 °/o, a été réduit à 5, 4, 3, et maintenant dans certaines caisses gouvernementales ou privées, à 2 °/o, peut-être même au-dessous. Un petit effort, et bientôt le capital, non seulement en France, mais partout, les phénomènes financiers étant essentiellement internationaux, sera par lui-même improductif d'intérêts. Cet engrenage est parfait ; poussons à la roue.

Si la bourgeoisie s'oppose trop violemment aux combinaisons prolétariennes, copions l'Histoire ; faisons comme le bourgeois a fait lui-même pour établir le régime capitaliste, employons les procédés qu'il a employés. Sans effusion de sang, soyons leurs élèves.

Nous ne serons sûrement réduits à aucune nécessité douloureuse. La bourgeoisie s'inclinera. D'autant plus que dans ses rangs nous trouverons, il faut l'espérer, des citoyens intelligents comprenant parfaitement que la vie dans la société future sera, pour eux comme pour nous, et plus douce et plus belle. Elle acceptera les faits accomplis ainsi que les ont acceptés, au point de vue économique, la noblesse et le clergé !

Dans le cas de rachat avec indemnité, cette indemnité ne serait plus donnée sous forme de moyens de production, mais de moyens de consommation. De sorte que, n'ayant plus la possibilité d'exploiter les masses après une, deux, trois ou quatre générations, ces moyens de consommation auraient pris fin et les descendants de bourgeois, comme les descendants des nobles d'autrefois, seraient au niveau de tous les autres citoyens et vivraient en donnant à la collectivité, ainsi que le commun des mortels, quelques heures à la productivité générale.

Nous sommes persuadés d'un tel élan de fraternité, la nuit du 4 août n'en sera qu'un faible exemple, que certainement nul n'attendra longtemps et ne souffrira d'être hébergé et nourri aux frais de la collectivité, surtout lorsque l'effort demandé sera si minime.

Ce système, dit-on, détruit l'héritage et empêche les individus de travailler même deux heures par jour puisque leurs travaux ne profiteront pas à leurs enfants.

Sophisme, cela. Argument sans valeur. Ceux qui travaillent le plus dans la société actuelle, qui peinent, sont précisément ceux qui ne laissent et ne laisseront rien à leurs enfants. L'homme riche, malgré ses enfants, fait des voyages d'agrément, se loge somptueusement, s'habille convenablement, entretient à grands frais une domesticité et travaille généralement très peu ou pas du tout.

L'héritage, aux siècles écoulés, ne revenait qu'à l'aîné, et cela paraissait très naturel. Des droits de plus en plus élevés le grèvent, qu'est-ce, si ce n'est une expropriation partielle, un prodrome significatif ?

Et même, au risque d'étonner ceux qui ne connaissent pas un mot de socialisme et qui le dénigrent constamment, nous disons : Le socialisme n'abolira pas l'héritage.

En effet, les moyens de production devenant collectifs, seuls, les moyens de consommation seront individuellement répartis. Ces moyens seront cessibles et nous demandons ce qu'en feront les bénéficiaires, à moins de les renvoyer en tout ou partie dans les magasins publics.

Supposez qu'on vous laisse de l'or, de l'argent, des objets précieux, de beaux meubles.

En échange du travail dû, obligatoirement, à la collectivité, vous aurez droit à de convenables, luxueux et modernes logements, au parcours sur les voies ferrées, à tout ce qui est nécessaire à la vie de chaque jour et à un supplément que vous emploirez comme il vous plaira, somptuairement ou autrement. Vous jouirez donc de l'utile et de l'agréable. Que ferez-vous de nouveaux meubles, de nouveaux objets qui encombreront vos domiciles ?

Irez-vous trouver dix, vingt ou cent ouvriers et leur tenir ce langage, vous qui serez ouvrier également comme eux, pendant le même nombre d'heures : « Venez, je vous donnerai de l'or, construisez des usines où vous travaillerez péniblement et douloureusement dix heures par jour ! » et ceux auxquels vous vous adresserez de répondre : « Que voulez-vous que nous fassions de votre or ? Nous jouissons amplement de la vie matérielle et intellectuelle. Dans les magasins généraux, nous avons, en échange, de nos bons, tout ce qui est nécessaire. La collectivité ne le donne qu'en échange du travail fourni. Votre or nous serait inutile ! »

Que feriez-vous des produits fabriqués dans les usines nouvelles, quels seraient vos acheteurs puisque personne n'en aurait besoin. Comment pourriez-vous fabriquer, où trouveriez-vous la matière première, rien n'étant fourni en échange de l'or, tout étant donné en échange du travail ?

Vous voyez par là que l'héritage existera, mais la faculté d'exploiter autrui n'existant plus, il deviendra embarrassant pour l'héritier. Ce dernier gardera simplement ce qui pourra lui rappeler de chers souvenirs et remettra le reste à la collectivité.

Le socialisme est loin d'être « partageux » comme l'affirme la légende si adroitement et malhonnêtement répandue par ses adversaires.

C'est le bourgeois qui, véritablement, est partageux. Il donne au producteur l'os du salariat et garde, lui, la part du lion. Le système capitaliste agit envers l'homme comme le chercheur de truffes envers l'animal découvrant ce succulent champignon souterrain. Quand le travail est terminé, la truffe extraite, il repousse l'animal et lui jette quelques glands en échange du riche et précieux produit. Voilà le partage. Nous ne demandons au contraire que ce qui nous revient. Nous ne voulons pas empiéter sur les droits d'autrui mais nous ne voulons pas qu'autrui empiète sur les nôtres.

Le socialisme doit reconnaître et reconnaît la formation d'un capital social sous forme d'usines, de voies ferrées, d'outils, de combustibles, de matières premières. Ce capital formé et entretenu aux frais de la collectivité doit être d'appropriation collective. Seuls les produits créés doivent être d'appropriation individuelle.

Il s'agit maintenant de rechercher quelle sera la quantité de besoins à satisfaire. Ils seront variables. Leur intensité et leur diversité sera plus ou moins grande suivant en cela les saisons, les latitudes, etc.

Il est un point sur lequel la variabilité demeurera stationnaire à peu de choses près. C'est ce qui a trait aux objets de première nécessité. D'une façon générale la capacité alimentaire des foules sera toujours la même.

La consommation de pain, viande, poisson, légumes, bref, ce qui concerne l'alimentation, pourra être prévue sans aléa sérieux ainsi que l'indispensable pour le vêtement et le logement.

L'imprévu ne concernera que les besoins de luxe, intellectuels, et l'amplification des besoins primordiaux.

Pour la première partie des besoins à satisfaire c'est l'enfance de l'art. Dans la production capitaliste, chaotique, sans entente, ces besoins peu ou prou sont satisfaits. Ils le seront bien davantage dans une société à base scientifique et harmonieuse connaissant le nombre de ses adhérents et ce qui leur est journellement utile. Actuellement dans une administration quelconque nourrissant, chauffant, entretenant ses employés, la quotité de chaque chose est absolument connue et les variations ne peuvent être d'aucune importance. D'ailleurs les réserves permettent d'y faire face immédiatement.

Quant à la deuxième partie, soit par des statistiques strictement établies, soit par le droit qu'auront les citoyens d'accomplir individuellement ou conjointement des travaux autres que les travaux officiels, il sera loisible de la mener à bonne fin en donnant, ainsi ou autrement, la possibilité de satisfaire tous les besoins en dehors de ceux afférents à la moyenne prévue.

Il serait bien entendu que tout ce qui aurait tendance à l'exploitation d'autrui devrait être rigoureusement écarté.

Les objets étant fabriqués, comment les faire parvenir aux intéressés ?

Comme nous l'avons déjà dit, par les magasins généraux, bazars magnifiques, ouverts au peuple comme le sont les grands magasins d'aujourd'hui.

Ce qui est de première nécessité et d'usage constant serait porté à domicile par les employés chargés des manutentions. Le reste commandé au fur et à mesure des besoins et réglé par les bons de travail au taux fixé d'après le temps employé pour la fabrication.

Les voyages d'agrément ou autres donneraient lieu à la délivrance de bons de déplacement en échange de bons de travail, ce qui correspondrait à la délivrance des tickets.

Les vieillards à un âge fixé, 50 ans par exemple, seraient exemptés de leurs heures de travail et recevraient néanmoins les bons nécessaires à leur entretien comme s'ils continuaient à rendre à la société les services qu'ils rendaient autrefois.

Tout invalide entrerait dans la même catégorie.

Une des choses que la société doit, sans conteste, à tous ses membres, est certainement l'instruction. Un état social qui oblige des enfants à descendre dans les mines, à entrer à la fabrique, travailler la terre pour conquérir le pain quotidien ou aider à prolonger la vie misérable d'une famille, est condamné irrémédiablement. Il faut à tout être humain le pain intellectuel, la nourriture du cerveau qui seule nous élève au-dessus de l'animal inférieur. Cet aliment de l'esprit, dans la société actuelle, beaucoup ne peuvent l'avoir.

Le socialisme, et ce sera un de ses plus beaux titres de gloire, permettra à l'individu d'être consciemment un Homme.

Jusqu'à vingt ans, avant d'entrer dans la vie industrielle collective, l'adolescent s'initiera aux principes scientifiques. Toutes les connaissances humaines défileront devant ses yeux éblouis. Il comprendra la grandeur de sa tâche et la plénitude de ses droits ; instruit, débarrassé de préjugés, apte à savoir et à rechercher le pourquoi et le comment des choses, il sera le vigoureux et intelligent ouvrier de demain.

Les bourgeois disent : « Quand tous seront instruits, qui donc voudra travailler ? »

Et d'abord, voyez la beauté de leur principe : Ils savent que leur régime ne peut subsister qu'en ayant l'ignorance comme alliée. Triste alliée ! Ensuite leur argument n'a pas de valeur.

La collectivité étant instruite, chaque citoyen comprendrait parfaitement les devoirs de réciprocité qui le lierait. L'influence du milieu serait moralisatrice. La solidarité, dégagée de tout intérêt personnel, prendrait enfin son essor. Chacun ne donnerait à la collectivité que la somme de travail fournie par le voisin. Pour avoir droit aux subsistances, tout citoyen devrait accomplir sa tâche. Enlevez l'âpre lutte intéressée et l'accord apparaîtra radieux.

Pendant des centaines et même des milliers d'années, bien peu d'individus apprenaient à lire. Les conservateurs de l'époque disaient : « Si tous savaient lire, personne ne voudrait travailler. » Cependant aujourd'hui les illettrés deviennent l'exception et les travaux ne sont pas abandonnés. L'intelligence moyenne s'est élevée, l'instruction publique développée et la production, c'est-à-dire le travail, s'intensifie tous les jours.

Les paresseux deviendront très nombreux, nous dit-on, les individus se déroberont à leurs devoirs envers la collectivité. Les produits arriveront difficilement ou n'arriveront pas du tout aux consommateurs et l'égalité sera celle de la misère.

Ceux qui tiennent ce langage n'ont jamais compris et ne se sont jamais demandé la cause première créant les paresseux.

Il y a des paresseux, parce que le travail est un supplice, les heures employées sont trop nombreuses parce que le citoyen coté, respecté, honoré, envié est précisément celui qui ne fait rien.

Voyez de quelle admiration envieuse est entouré le jeune fainéant renté. Triste exemple bien fait pour dégoûter du travail les jeunes et vieux ouvriers qui, pendant des heures, des jours et des années suent péniblement et, néanmoins, jamais, jamais avec leur maigre salaire, ne pourront faire vivre, soigner comme il convient leur famille et donner des rentes à leurs enfants.

Nous sommes plutôt étonnés de rencontrer si peu de paresseux, étonnés que tant d'ouvriers travaillent prodigieusement, continuellement, sachant parfaitement qu'ils ne seront jamais riches, quelles que soient leur bonne volonté, leur ardeur, leurs économies, pendant qu'ils voient autour d'eux un si grand nombre de bourgeois ou fils de bourgeois, vivre luxueusement dans la paresse. Et vous dites que l'ouvrier est mauvais, méchant ! S'il avait une lueur de méchanceté, tout cela changerait, vivement ! car [les miséreux, ouvriers et soldats, sont légions et toutes les lois du monde ne peuvent rien contre la révolte et la crosse en l'air. Les exemples en sont nombreux.

Il faut que le fond de la nature humaine soit d'une bonté et d'une passivité souveraines pour que les révoltes soient si peu fréquentes.

Comment ? le travailleur est mal nourri, mal vêtu, mal logé, tout est incertain pour lui, le chômage, la maladie le guettent lui et les siens, la misère le tenaille bien souvent ; à côté de lui, dans la même contrée, la même ville, le même quartier, la même rue, le fainéant se prélasse, est bien nourri, bien vêtu, bien logé. Un système engendrant des situations si antagoniques ne croule pas après essai d'une heure, la société vit quand même, l'on ne se bat pas dans les rues, et vous voulez que nous nous battions dans une société mieux organisée ? Quand on dira à l'individu travaillant dix à douze heures par jour : « A l'avenir, vous ne travaillerez plus que deux heures, comme tout le monde. » Vous prétendez que sa réponse sera celle-ci : « Ah ! non certes, je veux bien, pour un salaire de famine, travailler dix à douze heures, mais je refuse de travailler simplement deux heures et jouir ensuite des beautés de la vie. »

Les adversaires du socialisme comprennent-ils l'incohérence de leurs propos ? »

L'individu honni, détesté, serait précisément celui qui se déroberait à ses devoirs envers la collectivité. Ce serait le paresseux, ou celui qui aurait tendance à le devenir, qui ne jouirait d'aucune sympathie. L'on peut donc affirmer que la paresse serait inconnue ; ce ne pourrait être qu'une maladie atavique que l'on devrait soigner.

Le besoin de travailler, à condition, bien entendu, que le travail ne soit pas un supplice par sa longueur démesurée, est inné chez l'homme. Chaque individu dépenserait volontiers quelques heures, non seulement pour le bien commun, mais encore par mesure hygiénique. La société bourgeoise elle-même le sait bien. Elle le sait d'autant plus, qu'elle a créé des peines spéciales, les plus terribles, comportant la défense de travailler. En effet, la réclusion par l'inactivité forcée est une peine horrible. Le droit au travail est une grâce, une faveur demandée par les condamnés enfouis au fond des cachots.

A moins d'être fous, il ne peut y avoir d'individus refusant de donner à la collectivité quelques heures journellement. Y en aurait-il, en supposant l'impossible, il n'y en aura jamais autant que dans la société actuelle. L'engeance des paresseux rentés aura disparu et les êtres anormaux nous les guérirons.

La plupart des paresseux, le sont parce qu'ils n'ont pu choisir leur voie. Vivant n'importe comment, dévoyés, ils ont entrepris n'importe quoi sans vocation aucune. Fainéants pour les travaux assignés par la fatalité, ils sont très laborieux pour les travaux qui leur plaisent.

Dans la société capitaliste, le travailleur n'œuvre pas pour lui-même, il enrichit autrui. Ce n'est que rarement, en supportant des privations inouïes, avec un concours de circonstances particulièrement favorables, ne se rencontrant pas souvent, qu'il lui est possible d'amasser le pécule infime l'empêchant de mourir de faim sur ses vieux jours. Qu'y a-t-il d'étonnant à ce qu'il devienne paresseux, lassé de lutter ? Dans une organisation chaotique, insensée comme celle dans laquelle nous vivons, il est tout naturel de rencontrer des paresseux. Tandis que dans une organisation basée sur la justice, il ne peut, à moins de folie, y en avoir.

L'action inconsidérée de la concurrence sans frein étant éteinte par suite de l'organisation collective, comment fera l'individu pour suivre sa voie, travailler conformément à ses aptitudes, donner, sans tyrannie, la somme de labeur commun ?

De prime abord qu'il nous soit permis de dire, en supposant qu'il y ait obligation stricte à effectuer une tâche donnée, que nous préférerions quand même la Société nouvelle. Qu'importe, en effet, que l'individu, refusant sous de fallacieux prétextes, de donner un peu de ses facultés à la collectivité soit molosté. Il cesserait d'être intéressant s'il prétendait vivre en bourgeois dans un milieu où chacun s'entr'aiderait. Ce serait justice d'astreindre à double tâche celui qui, délibérément, s'efforcerait de se soustraire à l'effort ordinaire demandé à chacun. La peine serait suffisante et le moyen efficace pour guérir l'indolence.

Quant aux autres, la voie à suivre sera tracée facilement, ne serait-ce que par la diversité des connaissances acquises. L'instruction, au lieu d'être purement théorique et bureaucratique comme aujourd'hui, deviendrait et théorique et pratique. Les professions manuelles seraient en honneur dans l'enseignement. L'adolescent n'ignorerait rien des métiers fondamentaux. En possédant des connaissances intellectuelles étendues, l'assimilation pratique est facile. La science aidant, une seule profession permettra d'en connaître une foule d'autres. Nous voulons parler des mécaniciens. De jour en jour, cette branche professionnelle est indispensable. Que l'on fabrique des chaussures ou des meubles, du pain ou des tissus, des pâtes alimentaires ou des instruments aratoires, la mécanique est d'un puissant secours. Le mécanicien est le véritable et grand ouvrier de demain.

Prenez un individu d'intelligence moyenne, instruisez-le sérieusement jusqu'à vingt ans, non en le faisant pâlir sur les livres entre les murs mornes et froids d'un internat, vous courrez le risque, s'il n'est véritablement doué, d'en faire un cancre, paresseux, fatigué, dégoûté. Mais encore en dehors de fortes et substantielles théories faites-lui vivre la vie de l'atelier, qu'il exécute ce que son cerveau a vu, compris ou conçu. L'assimilation complète des choses exécutées après avoir été conçues le prédisposera à accomplir dans la vie n'importe quelle tâche. Il sera utile à ses concitoyens. Le travail ainsi accompli sera régénéré.

L'individu capable d'effectuer un labeur quelconque choisirait et changerait à volonté sa besogne. Il est certain qu'une profession encombrée ne pourrait plus recruter de nouveaux ouvriers. Dans ce cas, les énergies productrices seraient canalisées ailleurs. Voilà tout. C'est ce qui se passe aujourd'hui avec cette différence que le professionnel sans travail ne peut trouver ailleurs un emploi et subit la misère ou la faim.

Dans la société future, le citoyen serait toujours employé soit dans les corps de métier, soit, faute de place, dans les travaux n'exigeant aucune connaissance spéciale. En supposant qu'il y ait encombrement de producteurs, les heures de travail seraient abaissées afin de permettre à tous les membres de la collectivité de dépenser un léger effort au profit de tous.

Actuellement, les aptitudes guident très peu le choix d'une profession. Tel mauvais avocat serait un excellent jardinier. Pourquoi a-t-il embrassé cette profession ? Parce que sa famille a eu de l'argent à dépenser, parce qu'il n'est pas « convenable » pour une personne riche ou aisée d'être jardinier, parce que généralement un avocat peut gagner quelqu'argent, tandis qu'un jardinier en gagne peu.

La société future verrait disparaître certaines professions dites libérales, nécessitées par l'organisation capitaliste. Les citoyens entreraient, suivant leur capacité ou leur fantaisie, indifféremment dans n'importe quelle profession n'ayant plus l'intérêt personnel pour guide, ni la considération attachée à tels ou tels genres de travaux.

En supposant que quelques citoyens, poursuivis par une malechance bien extraordinaire, ne trouvent jamais un travail conforme à leurs aptitudes, quel grand malheur ! Dans la société capitaliste ne sont-ils pas légion ? Ceux-là souffrent réellement, terriblement, car le pain quotidien est en jeu. Si par hasard quelques travailleurs ne peuvent satisfaire leurs désirs intimes, ils se consoleront facilement en pensant que, astreints au travail de vingt ans à cinquante ans par exemple, ils ne donnent tous les jours que la quantité d'efforts donnée par autrui. Ils n'œuvrent que deux heures si les autres n'œuvrent également que deux heures. Comparez cela à ce que vous voyez maintenant, et il sera facile de comprendre que ces menus chagrins seront supportés avec philosophie. On en supporte bien d'autres dans la société actuelle.

La liberté humaine sera profondément

respectée dans toutes ses manifestations, toujours à la condition stricte de ne pas empiéter sur la liberté d'autrui.

Il est bien entendu que, voulant par exemple une femme et celle-ci ne voulant pas de vous, il serait monstrueusement tyrannique de l'obliger à se livrer. Si vous persistiez, on employerait les moyens *ad hoc* pour vous empêcher d'agir comme un autocrate ou un bourgeois renté.

Les esprits scientifiques auraient toute faculté de se livrer à leurs études particulières dans les vastes bibliothèques ou les riches laboratoires.

Les esprits religieux, en supposant qu'il en existe encore, car nous sommes persuadés que cet esprit n'étant qu'une manifestation économique morbide, doit disparaître avec ses causes, auront également toute faculté pour se livrer à l'observation de leurs rites, à condition que ces citoyens ne soient pas retranchés du service général. Une chose serait cependant interdite : l'organisation de l'ignorance. Sous aucun prétexte, religieux ou autre, personne n'aurait le droit d'empêcher autrui, en l'effrayant par la crainte de peines temporelles ou spirituelles, de lire ou d'étudier telle ou telle doctrine en contradiction avec celle enseignée. Sous ces réserves, chacun ayant toute faculté d'étude, il serait loisible d'adorer le soleil, les étoiles, une ou plusieurs personnes ou même trois en une seule les houris, la lune, etc.

Nous espérons cependant que l'humanité se débarrassera du bagage superstitieux, mais enfin, si ça plaît, nous n'empêcherons nullement ces manifestations. Ceci démontre le libéralisme infini du socialisme. Mais certainement cette liberté ne sera pas mise à profit, l'esprit religieux aura rejoint les dieux de l'Olympe.

De somptueuses œuvres d'art écloront magnifiquement. L'élite sera l'humanité elle-même. L'art ne sera plus la chose de quelques-uns, goûté et compris par quelques autres. Il se raffinera encore, s'élèvera vers les hauteurs inconnues, nombreux seront les artistes, nombreux les juges affinés. Que d'artistes inconnus, méconnus ou n'ayant pu s'affirmer, parmi les citoyens astreints au travail sans trêve. Que de manifestations artistiques perdues, que de pauvres diables végétant misérablement, accomplissant automatiquement la même tâche, auraient quelque chose là, s'il leur avait été permis de fréquenter assidûment l'école, si la misère ne les avait pas jetés dès l'âge le plus tendre dans le bagne industriel !

Une réputation ne sera jamais surfaite, lancée par une poignée d'admirateurs et acceptée par la foule ignorante.

Que de gens disent aujourd'hui : « Ah ! quel beau livre ! quelle statue superbe, quel tableau ! » Ont-ils compris ce qu'ils ont lu ou vu, ont-ils disséqué l'idée enfermée dans sa gangue ? Quel est leur bagage littéraire, que savent-ils des beautés picturales ou sculpturales ? Ont-ils été remués violemment ou doucement émus par la sensation du beau et du vrai ? Non certes, ils ont entendu dire, ils ont lu sur le grand renseigneur, le journal, si souvent idiot et banal. L'artiste est lancé comme on lance une affaire, quelquefois un écrivaillon bourgeois est baptisé Talent, Grand Homme, Génie, et la foule applaudit ininstruite et moutonnière.

L'art est rarement sublime dans une société où tout est prétexte à lutter pour la vie. Il ne s'élève que dégagé des soucis matériels n'ayant comme idéal que la beauté parfaite.

La famille dans la société future reposera sur les bases d'une admirable entente.

Qu'est-ce que la famille actuellement, qu'est-ce que le mariage ? Une agrégation de sordides intérêts. Rarement l'amour entre en jeu dans les préliminaires d'union. C'est un marché conclu entre catégories d'individus de sexe différent. Un tel aimerait bien une telle. Une telle aimerait bien un tel. Mais les positions sociales diffèrent. L'un est riche, l'autre est pauvre. L'un est en haut de l'échelle sociale, l'autre est en bas. L'échelon n'est pas le même. Un mariage dans ces conditions ne serait pas convenable (1) il ne se fera pas.

Qui dirige ? L'amour ? Non, l'argent. La commère du coin ou la parente d'à côté fait la « commission » et ce mot exprime admirablement la chose. On s'abouche entre vendeurs. Combien la bête... pardon combien la fille ? Moi, tant pour le mien — et le marché ignoble se conclut.

Voyons, où est l'amour ? Le mâle et la femelle acquiescent. Est-ce le cœur qui parle et se donne ? Allons donc ! Le prurit sexuel en tient lieu. Ces jeunes gens ne se connaissaient pas il y a huit jours, quand on les met en présence pour la première fois, l'affaire est déjà moralement conclue. Ils ne se donnent pas, on les donne l'un à l'autre.

Combien rares les mariages où l'amour a seul et toujours dominé !

C'est la morale bourgeoise !

Voici un jeune homme ou une jeune fille. Vingt ans. Pauvres. Difficultés pour créer une famille.

Supposez qu'en passant la fortune jette à ce pauvre un sac d'or. Les difficultés s'applanissent. Que cette femme soit belle ou non, boiteuse, borgne, repoussante, qu'importe ! Que cet homme soit horrible, contrefait, bancal, une jeune fille... gracieuse, s'unira quand même à lui. Union de sacs. Mariage.

Que voulez-vous bâtir de beau là-dessus ? Que peut-il sortir d'une organisation viciée à sa base ?

Pénétrez dans cet intérieur. Découvrez-vous, c'est l'arche sainte : la famille !

Combien rapidement les illusions disparaissent. Envolés, les rêves d'antan, les projets d'infinie douceur.

La lutte pour la vie recommence, ardente. L'intérêt égoïste et froid s'assied au foyer. Un accord, tout de surface paraît se maintenir si l'argent afflue. La désunion hargneuse s'infiltre si la misère fait son apparition.

Que de jeunes femmes murmurent entre amies : « Ah ! j'étais bien étant jeune fille, si j'avais su ! »

Bien souvent l'homme devient brutal, indifférent, coléreux ; la femme également. Le mensonge et la déloyauté s'introduisent en maître. Monsieur ne tarde pas à tromper Madame. Madame de son côté se hâte de tromper Monsieur. Si l'occasion matérielle est difficile à saisir, si on la fuit par crainte du scandale, l'esprit vagabond y supplée.

Les parents riches sont choyés, flattés, fêtés. Les pauvres au contraire sont prudemment mis à l'écart. Les relations fréquentes avec les heureux, avec les deshérités sont nulles ou rares.

Si l'on déniche dans les hasards des alliances une vague parenté à héritage, oh ! alors les attentions bienveillantes affluent vers l'hypothétique allié.

C'est l'affection familiale !

Le cœur, les affinités, le véritable amour, nulle part.

L'envie, la haine, la soif de l'or, partout.

Les respectueuses prévenances ne vont pas à l'être aimé (!), mais à sa caisse. C'est l'âpre intérêt qui guide les soins délicats.

Et c'est fatal, la société capitaliste étant basée sur l'argent, celui-ci est l'unique objectif.

Quels radieux progrès constitués par la vie de famille dans la société future ! Le socialisme détruisant l'économie politique oppressive, l'avenir, splendidement s'éclaire. Point d'union sans affinité. L'instruction répandue à flots, la vie belle et bonne, la disparition de toutes classes, la fin de l'horrible et implacable division en pauvres et riches permettra à tous de librement s'unir. L'amour ne sera plus un vain mot ; deux sacs ne s'uniront plus, mais deux volontés, deux cœurs.

L'inconstance sera fréquente, dit-on ; bien moins qu'aujourd'hui.

L'adultère s'étale malgré la loi et l'opinion publique. Donc, loi et opinion publique sont impuissantes.

Pourquoi l'adultère ? Parce qu'il y a misère ou parce que l'amour n'y est plus ou n'y a jamais été.

Quelle aberration ! Vouloir obliger deux êtres qui ne s'aiment pas, à rester quand même unis.

S'ils ne s'aiment plus, comment devront-ils agir ? Vous reconnaissez le divorce aujourd'hui, pourquoi ne le reconnaîtriez-vous pas plus tard, dégagé du code imbécile ? La loi de divorce a-t-elle désuni une seule famille ? Pas le moins du monde. Avant elle et à cause de sa non existence, l'affection n'entrait pas dans le cœur de ceux qui n'aimaient pas. Le divorce a simplement consacré légalement la désunion avérée. Il n'est pas la cause de la désunion, il en est l'effet.

Dans le système socialiste, la constance sera plus stable, parce que les conditions de vie permettront aux individus de s'unir en connaissance de cause et les ferments de désunion auront disparu en grande partie. L'appât de l'argent pour nourrir la famille ou d'une position meilleure avec un autre individu, ne tentera plus personne ; l'affection sera continue et les amourettes passagères glisseront sans laisser de traces profondes, si, par atavisme ou pour toute autre cause, les individus éprouvent un besoin de changement fugitif.

Il est fort probable que la monogamie sera plus sûrement et plus sérieusement mise en pratique que dans la société bourgeoise.

Quelle différence aussi dans le sort de l'enfant. Maintenant tout sourit à l'enfant riche, tout est sombre pour le pauvre.

L'un, quoique remis en des mains mercenaires a, néanmoins, tout ce qui est nécessaire, utile, agréable : d'excellents aliments, de beaux jouets, de réconfortantes caresses.

L'autre, bouche à nourrir, fardeau, soigné n'importe comment. Seul, se débattant dans un berceau, dans la mansarde froide et vide, pendant que le père, la mère, les frères ou les sœurs travaillent. Sevré de caresses, rudoyé souvent par ceux qui ont autre chose à faire qu'à soigner attentivement et dorloter le petit. La femme travaille à journée, à façon, fait des ménages. Comment veiller sur le gosse, venu dans un moment de malheureuse inattention ?

Qu'ont-ils mérité ces enfants pour être, l'un heureux, l'autre malheureux ? La souffrance s'empare de ce dernier dès l'âge le plus tendre. Ne doivent-ils pas avoir cependant, l'un et l'autre, le même droit à l'existence ?

Pourquoi les uns seraient-ils dirigés et choyés par des parents intelligents, tandis que les autres deviendraient la chose de pauvres gens miséreux ?

N'est-ce pas préférable que, en dehors des caresses légitimes, la société donne à tous le droit à la vie, répande les bienfaits de l'éducation, ouvre indistinctement le grand et sublime livre de la science.

Les effets désastreux de la guerre économique ne se faisant plus sentir, l'enfant en ressentira la bienheureuse influence.

Sauf de rares exceptions, quelles sont les familles où l'enfant est le moins brutalisé, le mieux nourri, le mieux entretenu, le plus caressé ? C'est sans contredit dans les familles aisées. Pourquoi ? Parce que la misère matérielle ne se fait pas sentir. Soigner l'enfant est une joie. Nourrir et vêtir se payent. Nourrissez, entretenez convenablement quand le chomage vous guette, quand le bas de laine est vide ? Et l'enfant va dans ses souliers percés, ses loques lamentables, enfermant en leurs plis les germes morbides des tares ancestrales.

Changez cela. Donnez à tous le droit de vivre et l'affection se manifestera souverainement. Quand l'enfant ne sera plus une charge, quand la lutte pour la vie, la chasse à la dot ne seront plus un ardent objectif, le foyer sera assis sur des bases inébranlables.

Quels exemples de bonté donnerez-vous à l'enfant entouré de cette atmosphère affectueuse. Quels heureux résultats dans la formation de cette jeune intelligence. Plus de guerres âpres et intéressées dans la famille, car que de drames ignobles où l'intérêt est roi, et que l'enfant vaguement pressent. Plus de divisions, de guerres sournoises, intestines, méchantes, plus de tares à étaler aux yeux des petits, plus de misères affreuses et dégradantes desséchant l'esprit et le cœur, mais l'amour universel, infini. L'influence sur le cerveau des masses en sera noblement et prodigieusement féconde. La paix détrônera la guerre et sera reine.

Ce que nous venons d'écrire jusqu'à présent est accepté par un grand nombre de citoyens. Quiconque pense par lui-même reconnaît presque toujours qu'il est possible d'améliorer la vie sociale dans le sens indiqué. Ils nous disent : « Certes, beaucoup d'institutions sont révoltantes. L'absence de justice est manifeste. L'humanité inquiète cherche une voie nouvelle. Elle entrera dans la votre sans doute. Seulement, puisque tout a pour base une question économique, puisque dans le fond la conquête du pain nous guide, puisque l'organisation de la production et de la consommation est l'unique pivot autour duquel gravite l'espèce humaine, il serait bon de connaître l'intensité de la production agricole et qu'elle en serait la répartition. Tout étant là, à notre sens. »

Au début, dans la constitution collectiviste, en attendant que les preuves bienfaisantes de son fonctionnement nous soient données, les citoyens agriculteurs continueront s'ils le veulent, comme par le passé à faire valoir personnellement leur parcelle avec la liberté la plus absolue.

Ils conserveront leur lopin de terre tant qu'ils le jugeront à propos. La collectivité leur rendra en moyens de consommation les denrées et produits agricoles divers qu'ils voudront bien verser dans les magasins généraux.

D'autres, et ce sera certainement le plus grand nombre, préféreront produire d'après les données collectives. Ces derniers, aidés par de puissantes machines ayant à leur service toutes les ressources de la science jouiront dans une proportion beaucoup plus grande des facilités de la vie. En échange du bien-être assuré ils donneront à la collectivité les heures de travail communes. Ce labeur en durée et en intensité sera certainement moindre que celui effectué par ceux qui auront préféré demeurer personnellement propriétaires.

La société capitaliste écrase aussi bien l'ouvrier des villes que le détaillant, l'ouvrier des champs, le paysan, le petit propriétaire agricole.

Les progrès de la culture en régime bourgeois sont insignifiants. L'intensité de la production est peu connue.

Le petit paysan est peu fortuné, il est dépourvu des moyens financiers nécessaires pour faire valoir scientifiquement sa propriété. Bien souvent il est simplement fermier, très pauvre, n'arrive à vivre qu'avec un travail opiniâtre, acharné, et vit-il encore bien misérablement. La concentration, quoique moins apparente, existe là comme ailleurs. Beaucoup de parcelles paraissant être la propriété de celui qui les cultive sont grevées d'hypothèques pour tout ou partie de sa valeur. Ce cas n'est pas rare. Les véritables propriétaires d'une notable partie du territoire de la France sont les capitalistes du Crédit Foncier. Les agriculteurs les plus pauvres ne pouvant vivre aux champs s'en vont grossir les rangs du prolétariat urbain.

L'agriculteur enrichi par son travail strictement personnel ou par celui de sa famille est un exemple ne se rencontrant pas souvent.

Certains propriétaires fonciers — quelques milliers — possèdent de très gros revenus s'élevant à des dizaines et des centaines de mille francs, mais ces revenus gaspillés dans les grandes villes sont le produit de la sueur d'un nombre considérable de fermiers. Les propriétaires — récoltant ces bénéfices — n'ont jamais tenu en mains une charrue.

L'opinion des directeurs et membres des grandes associations agricoles, fait loi. C'est leur intérêt qui seul est sérieusement défendu. L'intérêt de ces riches individus est nécessairement en contradiction avec celui du pauvre.

Dans le système capitaliste, le chaos est donc en agriculture comme partout ailleurs. Antagonisme et antinomie générale.

La bourgeoisie est effrayée des progrès de l'idée socialiste dans les campagnes. Avec sa tartufferie habituelle, elle cherche à répandre le mensonge parmi les populations agricoles. Elle a inventé à leur intention un socialisme particulier, partageux et voleur. Elle dit insidieusement au paysan : « Les socialistes veulent te prendre ta terre. Défends-la. Ils te voleront ton travail. Tu te plains de la misère ? Tu seras bien plus pauvre. On te jettera dehors avec tes hardes. Ton habitation ne sera plus à toi. Ton jardin appartiendra au fainéant d'à côté. Toi, ta famille, qui avez peiné des années sur le sol, arrosé des sueurs de tes vieux parents et où reposent non loin les cendres de tes aïeux, serez jetés sur la route poudreuse. Tu vagabonderas sans feu ni lieu, sans toit, sans abri, sans pain, dans une effrayante et mortelle misère. Si tu travailles, forçat, sous le fouet socialiste, la moitié du produit de ton travail sera remise à d'autres qu'à toi-même, aux fainéants de la sociale. »

Telles sont les idioties répandues. Notez que les gens qui parlent ainsi n'ont jamais ouvert un livre de sociologie, ignorent totalement ce qu'est le socialisme, n'ont pas réfléchi une minute dans leur vie, ils en sont d'ailleurs incapables. Ils répandent ces imbécilités avec une inconscience superbe et une mauvaise foi avérée. Heureusement, l'habitant des campagnes s'éveille aux idées nouvelles. Il commence à savoir que « sous la sociale », comme disent les bourgeois, le pain ne sera dû qu'aux travailleurs, que tous devront effectivement produire, que le paresseux frappera inutilement, même avec des monceaux d'or, aux portes des entrepôts bondés de richesses.

Il n'est pas vrai de dire que le socialisme veuille s'emparer du lopin de terre. Il préconise la production collective comme étant plus intensive, cela est vrai, scientifiquement vrai.

Nous mettons les bourgeois au défi de montrer une seule ligne d'un seul auteur sérieux affirmant que le socialisme défend de travailler la terre pour l'usage personnel.

Défendre l'exploitation d'autrui, oui. Défendre l'union des individus pour produire ce qui leur plait, non.

Les erreurs et le mensonge deviennent les seuls arguments bourgeois.

La production collective paraît plus facile au point de vue industriel qu'agricole. On peut cependant se rendre compte que tout peut s'accomplir sans difficulté.

Déjà, dans les grandes exploitations agricoles, de vastes espaces cultivés avec intelligence, occasionnent une énorme production. Là où l'homme, auparavant, vivait difficilement, les produits récoltés peuvent aujourd'hui, donner la substance alimentaire à un grand nombre d'individus. Ces exploitations sont cultivées par des journaliers. Ce ne sont pas les propriétaires millionnaires, quelquefois millardaires, qui eux-mêmes les travaillent et peinent sur les sillons.

La production industrielle n'absorberait pas toute la main-d'œuvre. C'est compréhensible, ne l'absorbant pas aujourd'hui, malgré l'incohérence et les nombreux intermédiaires inutiles, elle ne l'absorberait pas demain, comme nous l'avons expliqué au cours de cette étude. La main-d'œuvre disponible serait employée aux travaux des champs. L'habitant des villes pourrait y participer. Les voies ferrées transporteraient tous les jours les travailleurs sur les lieux nécessitant leur présence. Dans les banlieues, n'y a-t-il pas déjà un nombre considérable de citoyens se rendant à leurs travaux en ville, par voie ferrée, ou quittant la ville pour la campagne ? Ces déplacements, lorsqu'ils n'ont pas un labeur fatiguant pour objet, constituent plutôt une agréable occupation; Un travail journalier de quelques heures n'est qu'une partie de plaisir.

La terre donnera ce qui lui sera intelligemment demandé. Dès maintenant, quelques centaines d'hommes cultivent mécaniquement de vastes étendues sans clôtures, sans morcellements, et obtiennent de quoi nourrir des dizaines de milliers de personnes pendant toute une année.

La culture intensive fait rendre au sol dix fois plus et même davantage que le rendement normal. La main-d'œuvre ne croît pas en raison directe; il y a donc notable économie.

Ces travaux, accomplis par des citoyens intelligents, aidés par les machines perfectionnées, n'exigent pas des capacités particulières. Nous le voyons actuellement dans les grandes entreprises agricoles, où quelques techniciens sont simplement secondés par des journaliers. La production pourrait être énorme, suffire amplement à la consommation, quelle qu'en soit l'importance, avec une main-d'œuvre insignifiante. La science économique ouvre des perspectives splendides d'incroyable fertilité.

Le rendement de toute culture, de l'élevage fait rationnellement, serait incommensurablement plus élevé que dans la société actuelle où les travailleurs n'ont ni les fonds ni les facilités indispensables pour mener à bien une exploitation scientifiquement conduite.

Nous pourrions donner des exemples frappants de fécondité et d'organisation agricole — telle cette expérience faite à Yakoulsk, où l'orge a mûri en quarante-cinq jours, à l'aide de la lumière électrique — exemples qui nous entraîneraient trop loin et nous feraient dépasser les limites de cette étude. Nous préférons renvoyer le lecteur aux ouvrages spéciaux ayant trait à l'agriculture. Notre tâche se borne à donner ici la quintescence, les traits généraux d'une société future.

La société bourgeoise est lamentablement impuissante à donner à chacun la sécurité et le bien-être. La preuve en est faite. Le peuple a été berné et exploité. Le capitalisme est nocif, son évolution s'accentue, sa chûte approche. L'humanité est lasse de souffrir. Trop longtemps, comme une chape de plomb, a pesé sur ses épaules l'organisation génitrice de maux. Rejetons le manteau qui nous étouffe, libérons-nous.

Si la force même des choses doit faire de la phase capitaliste une simple page d'histoire, aidons-la de tout notre pouvoir.

Soyons las d'être exploités, de subir les crises économiques, d'être enserrés dans des institutions mauvaises. Clamons nos droits ravis, droits au travail et au pain, que nos revendications montent des profondeurs et invinciblement s'affirment.

Luttons avec toutes les armes en notre pouvoir pour démolir la Bastille financière dans laquelle nous sommes emprisonnés. Que nos idées remuent les foules. Répandons-les comme se répand la semence qui doit germer en magnifiques floraisons.

Les révolutions n'entrent dans les faits que lorsqu'elles sont dans les cerveaux ; que le nombre des conscients croisse et devienne majorité. Que le peuple nous comprenne et qu'il sache que notre idéal est le bonheur de tous dans une sublime étreinte.

Nous ne semons ni la haine ni la guerre, mais l'amour et la paix, la concorde génitrice de progrès.

Haut les cœurs ! Souvenons-nous que l'évolution, c'est-à-dire la Révolution, doit s'accomplir et que nous devons aider non seulement parce que c'est notre devoir, mais encore parce que cette évolution s'accomplit fatalement et qu'il est de notre intérêt, celui de nos enfants, de la précipiter.

Il n'est pas vrai de prétendre que notre intérêt bien compris est de maintenir le système capitaliste.

A ceux qui disent : « La misère est éternelle. La guerre est juste. La lutte entre frères est féconde. L'exploitation est fatale et nécessaire », répondez : « Non, non, ce n'est pas vrai, et malgré les affirmations haineuses nous travaillerons à la libre entente, à la fraternelle union, à la paix sereine. » Dire que la haine est bonté, que l'amour est féroce, est faux. Prétendre que tout va bien, en montrant l'hôpital, refuge de douleurs, est mensonge. Poser en dogme ceci « la charité orgueilleuse ou cachée est éternelle », est horrible.

Tout est mal quand l'hôpital se dresse, dernier refuge, quand la charité dégradante est le dernier espoir.

Est-ce le malheureux qui tend la main ? Non, c'est la misère. Enlevez la misère. Une seule chose est bien : la justice. Qu'elle règne et l'exploitation sera morte. La misère aura vécu. La charité vaguement dédaigneuse — le pain jeté comme on jette un os — ne sera qu'un mot rappelant les tares disparues.

Dans l'œuvre socialiste passe un souffle de révolte et de bonté. Révolte contre les infamies de l'organisation capitaliste, contre les éternels ennemis du peuple.

Le socialisme reconnaît la fatalité de l'évolution économique, mais ne ronge pas moins le frein qui l'enserre. Il veut la révolution, non la révolution bourgeoise faite au profit de quelques-uns, mais celle faite au profit de tous. Il veut détruire ce qui opprime et le remplacer par ce qui libère.

Les foules comprennent et comprendront davantage. Nous ne leur disons pas : « Venez avec nous, nous éléverons de nouvelles casernes où nous enfermerons de nouveaux hommes pour de sanglantes batailles. Nous construirons encore de nouveaux hôpitaux. Pendant des heures et des heures, lamentablement longues, vous travaillerez péniblement dans les usines empestées et malsaines. Nous maintiendrons la prison et en éléverons de nouvelles. Les intermédiaires, les jeunes rentés, les accapareurs, les agioteurs, les banquiers, les inutiles vivront grassement du fruit de vos labeurs. »

Ce n'est pas notre langage, car les foules répondraient : « Ce rapide tableau n'est autre que le régime bourgeois. »

Mais nous clamons : « Allez vers la société future, de progrès en progrès, de conquêtes en conquêtes. Arrachez la liberté par lambeaux. La liberté du ventre, de l'esprit et du cœur. Ecrasez l'oppression. Que tous travaillent et que nul n'exploite. Que les casernes, les hôpitaux croulent. La charité sera inutile, puisque le travail et le pain seront à tous. L'union engendrera le bien-être ! »

Et ces paroles sont expression de vérité.

Nous croyons l'avoir démontré. En détruisant l'exploitation et en établissant une judicieuse entente, le bien-être commun s'affirmera invinciblement.

Le système économique seul, tel que nous le subissons, empêche l'universel bonheur. La cause disparue, son effet, l'universelle douleur disparaîtra également.

Convions toutes les bonnes volontés pour atteindre ce but. A tous — amis et ennemis — nous pouvons dire ceci :

Etudiez, voyez et comprenez la poussée fatale et bienheureuse de l'Idée. Comprenez que le corps social n'est pas figé dans une formule éternelle. Sachez que ce qui a été n'est plus et que ce qui est disparaîtra également dans la nuit des temps. Comprenez que l'humanité a une tendance invincible à de meilleures destinées. N'arrêtez pas ces destinées qui s'accompliront quand même quels que soient les efforts tentés pour retarder ou entraver leur accomplissement. Marchons tous, malgré nos divergences, vers les régions sublimes où nous trouverons, dans une cordiale entente, le bien-être et le bonheur indéfinis.

PAUL LAMY.